¿Qué

Lisa Trumbauer

La niña está viva.
El libro no lo está.

La vaca está viva.
El establo no lo está.

El caballo está vivo.
El heno no lo está.

El perro está vivo.
El banco no lo está.

El pez está vivo.
La pecera no lo está.

Estos árboles están vivos.
La casa no lo está.

¿Qué está vivo?
¿Qué no lo está?